童眼识天下
TONGYAN SHI TIANXIA

金装典藏版

我的祖国

韩雪 编

机械工业出版社
CHINA MACHINE PRESS

目 录

华北地区

北京市……………… 5
天津市……………… 10
河北省……………… 12
山西省……………… 14
内蒙古自治区……… 16

辽宁省……………… 18
吉林省……………… 20
黑龙江省…………… 22

东北地区

河南省……………… 24
湖北省……………… 28
湖南省……………… 30

华中地区

上海市……………… 34
江苏省……………… 38
浙江省……………… 42
安徽省……………… 44
福建省……………… 46
江西省……………… 50
山东省……………… 52
台湾省……………… 56

华东地区

广东省……………………… 60
广西壮族自治区…………… 64
海南省……………………… 66
香港特别行政区…………… 68
澳门特别行政区…………… 72

华南地区

重庆市…………… 74
四川省…………… 78
贵州省…………… 82
云南省…………… 84
西藏自治区………… 88

西南地区

陕西省…………… 90
甘肃省…………… 92
青海省…………… 94
宁夏回族自治区…… 96
新疆维吾尔自治区… 98

西北地区

华北地区

北京市

北京市简称"京",古称燕京、北平。它是中华人民共和国的首都、政治中心、文化中心等,也是我国历史文化名城和古都之一。

故宫博物院曾是明清两朝皇帝居住、办公的地方,是我国现存规模最大、保存最完整的古代宫殿建筑群。目前,博物馆内有藏品186万件(套)。1987年,被联合国教科文组织列入《世界遗产名录》。

华北地区

可容纳百万人举行盛大集会的天安门广场位于北京市中心，其内沿北京中轴线由北向南依次矗立着国旗杆、人民英雄纪念碑、毛主席纪念堂以及正阳门城楼。

位于正阳门外东侧的天坛，不仅是明清两朝皇帝"祭天""祈谷"的场所，还是世界上现存最大的古代祭天建筑群。

圆明园始建于清朝康熙年间，是清朝修建的一座皇家园林。但在清朝末期，由于外国侵略者先后两次破坏，目前只剩下遗址了。

国家体育场的构架呈网格状，由于外观看上去像一个用树枝搭建成的鸟巢，故又被称为"鸟巢"。它是北京市在2008年举办第29届夏季奥林匹克运动会的主体育场，可同时容纳9.1万名观众观看比赛。

　　长城又称万里长城，它在1987年12月被列入世界文化遗产。其中，位于北京市怀柔区的明长城——慕田峪长城，有"万里长城，慕田峪独秀"的美誉，也是北京十六景之一。

华北地区

北京的胡同不仅是古老城市的交通脉络,还是普通老百姓生活的场所,更是北京历史文化发展演化的重要舞台。目前,北京划定了许多条胡同为历史文化保护区,如南锣鼓巷、西四北一条至八条等。

2019年9月正式投入运营的北京大兴国际机场,位于北京市南部的大兴区。截至2021年2月,机场航站楼占地面积为78万平方米,拥有四条跑道,是目前中国十大机场之一。

天津市简称"津",别称津沽、津门,是我国四个直辖市之一,也是我国北方最大的港口城市。

天津市地处太平洋西岸,华北平原东北部,海河流域下游,东临渤海,北依燕山,西靠首都北京,是拱卫京畿的要地和门户。

天津市

天津是中国近代接受西方文化最早的城市之一,"中西合璧、古今交融"的城市文化成就了其独具特色的历史风貌建筑。

华北地区

天津市是一座历史文化名城，自古因漕运而兴起，明朝永乐年间正式筑城，至今已有600多年的建城史。天津市民俗博物馆——天津天后宫，原名天妃宫，是中国现存年代最早的妈祖庙之一。

天津市的小吃众多，其中尤以风味小吃"三绝"的狗不理包子、十八街麻花以及耳朵眼炸糕最为著名。

天津奥林匹克中心体育场因其外形像水滴，而被人们昵称为"水滴体育场"，它是天津市的地标建筑之一。

河北省

　　河北省简称"冀",省会是石家庄市。河北省大部分地区在战国时期属于当时的赵国和燕国,故又被称为"燕赵之地"。河北省东临渤海、内环京、津,西面是太行山,北面则是燕山和张北高原,是中国唯一兼有高原、山地、丘陵、平原、湖泊和海滨的省份。

　　位于河北省中部的白洋淀是河北平原上最大的淡水湖泊。这里物产丰富,以大面积的芦苇荡和千亩连片的荷花淀而闻名。

华北地区

　　位于河北省石家庄市赵县城南洨河之上的赵州桥，是世界上现存年代久远、跨度最大、保存最完整的单孔坦弧敞肩石拱桥，其建造工艺独特，在世界桥梁史上首创"敞肩拱"结构形式，具有较高的科学研究价值。

　　秦皇岛市的山海关是明长城的重要关隘之一，素有"天下第一关"的美誉，其城池与长城相连，有四座主要城门，并配备了多种古代防御建筑。

　　承德市的避暑山庄是我国现存最大的园林，比北京颐和园大了近一倍。宏伟、美丽的园林和园外汉、蒙、藏等不同民族风格的寺庙建筑使承德市成为我国北方著名的旅游城市。

　　山西省简称"晋",省会是太原市。山西省位于黄河中游东岸,华北平原西面的黄土高原上。山西省大部分地区在春秋时期属于当时的晋国,战国时期则分属于"三家分晋"之后的赵、魏、韩三国,故又被称为"三晋之地"。

　　考古表明,山西省是华夏文明的发源地和中心区域之一。位于山西省北部的"北岳"恒山,其金龙峡西侧翠屏峰峭壁间的悬空寺,不仅有着"悬挂"在峭壁上的奇特造型,还是一座佛、道、儒三教合一的独特寺庙。

山西省

华北地区

在大同市西郊的武周山南麓，从山脚到山顶被开凿出密密麻麻的石窟，里面则是各种石刻佛像，这就是闻名世界的"云冈石窟"。

平遥古城位于山西省中部的晋中市，始建于西周宣王时期，距今已有2800多年的历史，是中国现存规模较大、历史较早、保存较完好的四大古城之一。

壶口瀑布东濒山西省临汾市，西临陕西省延安市，是黄河流经晋陕大峡谷（又名秦晋大峡谷）时形成的一个天然瀑布，素有"不观壶口大瀑布，难识黄河真面目"的盛誉。

内蒙古东北部的呼伦贝尔草原是世界著名的天然牧场。这里没有高山，也没有树木，只有蓝天、白云、雄鹰、青草、骏马以及洁白的蒙古包……

内蒙古自治区

华北地区

内蒙古自治区简称"内蒙古",首府是呼和浩特市。内蒙古自治区的东、南、西三个方向与黑龙江省、吉林省、辽宁省、河北省等共计八个省区毗邻,跨越东北、华北、西北三个地区。

洁白的蒙古包是蒙古族牧民居住的房子。其冬暖夏凉,迁徙十分方便。

"那达慕"大会有着悠久的历史,它在蒙古族人民心中有着非常重要的地位。

辽宁省

辽宁省简称"辽",取辽河流域永远安宁之意而得其名,省会是沈阳市。

辽宁省是东北地区唯一一个沿海省份。它不仅地理条件优越,矿产资源十分丰富,还是老工业基地、农业大省,国家粮食主产区之一。

沈阳故宫位于沈阳市中心,始建于1625年,是我国保存完好的两座古代宫殿建筑群之一。

东北地区

本溪市东北部的本溪水洞，是以岩溶洞穴、地下暗河为主，集山、水、洞、泉、湖、人类文化遗址于一体的自然风景区。2018年6月，本溪水洞被世界纪录认证机构认证为"世界最长可供连续乘船游览的地下暗河景区"。

位于辽河入海口的红海滩国家风景廊道两边是长满碱蓬草的海边湿地，四月初为嫩红，渐次转深，十月由红变紫，风景美极了。

位于辽东半岛最南端的大连市，不仅气候温和，日照丰富，空气不干燥，还拥有老虎滩海洋公园、棒棰岛等自然景区，是一座既适宜旅游又适宜居住的城市。

吉林省

吉林省简称"吉",省会是长春市。吉林省位于东北地区中部,南、北、西分别与辽宁省、内蒙古自治区、黑龙江省相连,并与俄罗斯联邦接壤,与朝鲜民主主义人民共和国隔江相望,地处东北亚的地理中心位置。

"北国春城"长春市是东北地区的中心城市之一,也是重要的工业基地和电影制作基地,如著名的中国第一汽车制造厂(现为中国第一汽车集团有限公司)、长春电影制片厂等。

东北地区

长白山天池不仅是一座休眠火山，其火山口内积水形成的火山湖还是世界上海拔最高的火山湖。十六座山峰环抱的天池湖水面上，雾气缭绕，蔚为壮观。

长白山天池是松花江、鸭绿江和图们江的发源地，有着"三江之源"的雅称。

吉林雾凇是我国四大自然奇观之一。位于吉林市北面松花江上的雾凇岛是我国著名的雾凇风景区，其美景享誉海内外。

伪满皇宫博物院是清朝末代皇帝爱新觉罗·溥仪充当伪满洲国皇帝时的宫殿，是日本侵略中国的历史见证之一。

长白山天池北侧的天豁峰与龙门峰之间有一个大缺口，天池的水由此缺口奔流出来，从而形成了壮美的长白飞瀑。

黑龙江省

黑龙江省简称"黑",省会是哈尔滨市,它不仅是我国最北端与最东端的省份,还是纬度最高的省份。

东北地区

黑龙江省地处东北亚的腹地,地跨黑龙江、乌苏里江、松花江、绥芬河四大水系,属温带季风气候,非常适合大面积农业种植,素有"北大仓"之称。

哈尔滨市是国家重点建设的重工业基地之一,是东北地区北部的政治、经济、文化中心。由于城市里有很多俄罗斯风格建筑,如圣索菲亚教堂、中央大街等,故有"东方莫斯科"的美名。

"油城"大庆市不仅是我国第一大油田——大庆油田的所在地,还是我国重要的石化工业基地。

地处小兴安岭山地向松嫩平原过渡地带的五大连池,是火山喷发,熔岩堵塞河道形成的五个互相连通的堰塞湖。它们组成了一个呈串珠状的湖群。

河南省

　　河南省简称"豫",省会是郑州市。河南省位于中国中东部,黄河中下游的核心地带。

　　河南省是中华民族和华夏文明的重要发祥地之一。历史上,先后有20多个朝代200多位帝王在河南建都兴业。河南省地下文物全国第一,地上文物全国第二。其中,有着"神都、洛邑、洛京"之称的洛阳市在历史上先后有13个王朝在此建都,是我国建都最早、历时最长的城市。

　　洛阳市的白马寺是佛教传入中国后兴建的第一座官办寺庙,至今已有2000多年的历史。

华中地区

龙门石窟现存有窟龛2300多座，佛像十万余尊。其中，最大的佛像就是根据武则天的容貌雕刻的卢舍那大佛。

洛阳市的龙门石窟是世界上造像最多、规模最大的石刻艺术宝库，是我国石刻艺术的最高峰、世界文化遗产，位居国内各大石窟之首。

位于河南省郑州市的嵩山,不仅是五岳之"中岳",还是佛教名山。其玉柱峰下的法王寺创建于东汉,是我国最早的佛教寺院之一。

华中地区

　　同样位于嵩山的少林寺，不仅是禅宗的发祥地，还是中国功夫的发祥地之一，素有"禅宗祖庭，功夫圣地"之称，被誉为"天下第一名刹"。

　　位于河南省中东部的开封市，古称大梁、汴州、汴梁、东京，有"八朝古都"之称，孕育了上承汉唐、下启明清、影响深远的"宋文化"。位于开封市市中心的大相国寺始建于北齐天保年间，在北宋时期深得皇家尊崇，经过多次扩建，是当时京城最大的寺院和全国佛教活动中心。

　　豫剧是中国五大戏曲剧种之一、中国第一大地方剧种，与京剧、越剧同为中国戏曲三甲，传承已有上百年的历史。

湖北省

　　湖北省简称"鄂",别名楚、荆楚,因其位于长江中游的洞庭湖以北,故而得名湖北。湖北省省会是武汉市,其中心城区东部的东湖,是我国第二大的城中湖。

　　湖北省历史悠久,其独特的文化气息孕育出了独特的"荆楚文化"。在湖北西部的大巴山里,有一片美丽的自然保护区——神农架国家森林公园。

　　位于湖北省西北部的武当山不仅是道教名山,其武当武术更是中华武术中的一块瑰宝,2007年被列入第一批国家级非物质文化遗产名录。

华中地区

有"天下绝景"之称的黄鹤楼,建在武汉市长江边的蛇山上。登楼眺望,视野开阔,远山近水一览无余。

武汉长江大桥是中华人民共和国成立后修建的第一座公路和铁路两用的长江大桥,也是武汉市的标志性建筑之一,有"万里长江第一桥"的美誉。

湖南省

湖南省因境内大部分区域位于洞庭湖以南而得名"湖南",又因省内最大河流湘江流贯全境而简称"湘"。相传炎帝神农氏在此生活,故湖南省又是华夏文明的重要发祥地之一。

湖南省省会长沙市岳麓区的湘江中心有一个狭长的沙洲——橘子洲。它不仅是湘江下游最大的冲积沙洲,还是长沙市的重要名胜之一,被誉为"中国第一洲"。

华中地区

位于湘西土家族苗族自治州西南部的凤凰古城，因背依的青山酷似一只展翅欲飞的凤凰而得名。此城始建于唐，繁荣于明清，被誉为"中国最美的小城"。

湘潭市下辖的韶山市是伟大领袖毛泽东的故乡，也是他青少年时期生活、学习、劳动以及从事革命活动的地方。"毛泽东同志故居"是全国著名革命纪念地，是进行爱国主义教育的宝贵资源。

中国第一个国家森林公园——张家界国家森林公园地处武陵山脉东段，其独具特色的石英砂岩峰林地貌组合景观的造型之巧、意境之美，堪称大自然的鬼斧神工，且有着"奇峰三千、秀水八百"之美誉。1992年，被联合国教科文组织列入《世界遗产名录》；2004年，被列入世界地质公园。

华中地区

坐落在长沙市岳麓山脚下的岳麓书院，不仅是我国古代"四大书院"之一，还是世界上现存最古老的学府之一，其古代传统的书院建筑至今被完整保存。

"五岳"之一的南岳衡山是我国著名的道教、佛教圣地，环山有寺、庙、庵、观200多处。祝融峰是衡山的最高峰，登上"天阶"可直达祝融峰顶的祝融殿。

岳阳市的岳阳楼自古就有"洞庭天下水，岳阳天下楼"的美誉，与湖北省武汉市的黄鹤楼、江西省南昌市的滕王阁并称为"江南三大名楼"。

上海市

上海市简称"沪",别称"申",位于我国东部,地处长江入海口,面向太平洋。上海市是我国四个直辖市之一,它与邻近的浙江省、江苏省、安徽省构成长江三角洲,是中国经济发展最活跃、开放程度最高、创新能力最强的区域之一。

此外,上海市不仅是我国最大的国际经济中心和重要的国际金融中心,还是中国共产党诞生地,有着丰富的爱国主义教育资源。

华东地区

上海市黄浦区的黄浦江畔,即外黄浦滩,简称外滩。那里矗立着52幢不同建筑风格的大楼,素有外滩万国建筑博览群之称,是中国近现代重要史迹及代表性建筑,是上海的地标之一。

东方明珠广播电视塔位于上海市浦东新区黄浦江畔,背拥陆家嘴地区现代化建筑楼群,与隔江的外滩万国建筑博览群交相辉映。

第 41 届世界博览会于 2010 年在上海市浦东新区举办。其中，中国馆在世博会闭幕后，上海美术馆迁于此，成了现如今的"中华艺术宫"。

位于上海市虹口区的虹口足球场是亚洲第一座专业足球场。

华东地区

位于上海市黄浦区南京东路的和平饭店，始建于1854年，是外滩中的标志性高层建筑之一，也是上海的城市"名片"之一。

上海老街又称"小东门"，地处上海市黄浦区老城厢，也就是小东门城门所在地。那里曾是上海市对外贸易和小商品交易的重要场所，见证了上海市的发展。

豫园位于上海市黄浦区老城厢的东北部，与城隍庙毗邻，是一组江南古典园林建筑。其是由明代造园名家张南阳设计，并亲自参与施工建造的。古人曾称赞豫园"奇秀甲于东南""东南名园冠"。

江苏省

江苏省简称"苏",省会是南京市。江苏省建省始于清代初年,取江宁府和苏州府两府之首字而得名。

位于南京市的侵华日军南京大屠杀遇难同胞纪念馆,是为铭记1937年12月13日侵华日军侵占南京后,公然违反国际公约,制造了惨无人道的"南京大屠杀"。从2014年12月13日起,纪念馆作为南京大屠杀死难者国家公祭仪式的固定举办地。

华东地区

南京市古称金陵、建康，是我国四大古都之一，并有"六朝古都"之称。这里有众多自然景观和历史文化遗产，如中山陵、南京夫子庙、明城墙、明孝陵等。

苏州市以"小桥流水、粉墙黛瓦、史迹名园"为独特风貌，是全国首批历史文化名城之一。其著名园林中，拙政园和留园均在中国四大名园之列。

周庄古镇位于苏州市与上海市的交界处,其内湖荡相连,河港交叉,是名副其实的"鱼米之乡",并有着"中国第一水乡"的美誉。

连云港市的花果山,因古典名著《西游记》所描述的"孙悟空老家"而闻名于世。在其主峰——玉女峰的树林中,生活着300多只猕猴,成了一道有趣的景观。

华东地区

太湖位于江苏省南部,古称震泽,又名五湖、笠泽。是我国五大淡水湖之一,湖泊面积大小位居第三。并且,它还是我国著名的风景区。

太湖是一个生态系统丰富的湖泊,有着丰富的渔业资源和湿地生态系统。湖区的岛屿、半岛以及湿地是许多珍稀濒危物种的栖息地。

浙江省

浙江省简称"浙",省会是杭州市。它地处中国东南沿海,长江三角洲南翼。省内最大的河流钱塘江,因江流曲折,称之江,又称浙江,省以江名。端午节期间,钱塘江入海口的海潮最大,每年都有不少游客前来观看这一奇景。省会杭州市的西湖三面环山,秀丽清雅,并以著名的"西湖十景"闻名天下。

横店影视城位于金华市,目前已成为全球规模最大的影视拍摄基地,中国规模最大的影视体验度假区,有着"中国好莱坞"的美誉。

华东地区

位于杭州市的灵隐寺又名云林寺，我国佛教著名禅宗古刹，始建于东晋时期，距今已有近1700年的历史。

位于嘉兴市的乌镇是一座历史悠久的江南水乡古镇，境内水系属太湖流域，河流纵横交织，京杭大运河依镇而过。

安徽省

安徽省的省名取自当年安庆府和徽州府的首字。又因其境内在春秋时期有古皖国，以及有皖山、皖河等，故简称为"皖"。省会是合肥市。

位于安徽省中部的巢湖是我国五大淡水湖之一，其宛如一面宝镜镶嵌在江淮大地一般，并有着"八百里湖天"之称。

地处黄山市境内的黄山，以奇松、怪石、云海、温泉、冬雪"五绝"著称于世，并有着"人间仙境""天下第一奇山"的美誉。

华东地区

池州市境内的九华山是我国佛教四大名山之一，以地藏菩萨道场驰名天下，并有"莲花佛国"之称。

徽商即徽州商人，俗称"徽帮"。其崛起于明朝中期，与潮商、晋商并称为中国历史"三大商帮"。得益于徽商的雄厚财力，"盛馆舍以广招宾客，扩祠宇以敬宗睦族，筑牌坊以传世显荣"，给后世留下了大量颇具地方特色的建筑作品，并形成了徽派建筑。

福建省简称"闽",省会是福州市。它位于东南沿海地区,与台湾省之间仅隔了一条"台湾海峡"。

福建省是历史上海上丝绸之路、郑和下西洋的起点,是中国对外通商最早的省份之一。此外,福建省是乌龙茶的故乡,距今已有1000多年的茶文化历史,是我国茶文化的发祥地之一。

福建省

武夷山国家公园位于闽赣交界处的武夷山脉北段,属典型的丹霞地貌。自秦汉以来,道教在武夷山留下了不少宫观、道院及庵堂故址。此外,这里还曾是儒家学者倡道讲学之地。

华东地区

泉州市是福建省三大中心城市之一,是古代"海上丝绸之路"的起点城市。这里有现存规模较大、保存较好的妈祖庙——泉州天后宫。

座落于福建省福州市鼓楼区南后街的"三坊七巷",是中国古代城市里坊制的典型代表之一。历史上曾有许多政治家、军事家、革命烈士、文学家在这里居住过,如林则徐、严复、沈葆桢、林觉民等。

太姥山是福鼎茶树品种的发源地之一，也是福建省著名的旅游景区之一。这里山脉挺拔高耸，紧邻东海，登上高处即可俯瞰东海的美景。

福建土楼产生于宋、元时期，是客家人在辗转迁徙中，运用古老的建筑技术创造出的"建筑奇迹"。它不仅有居住功能，还具备防御功能。

鼓浪屿是厦门市最大的一座岛屿。因其岛西南有一个海蚀岩洞受浪潮冲击时，会发出如擂鼓般的声音，故而得名。

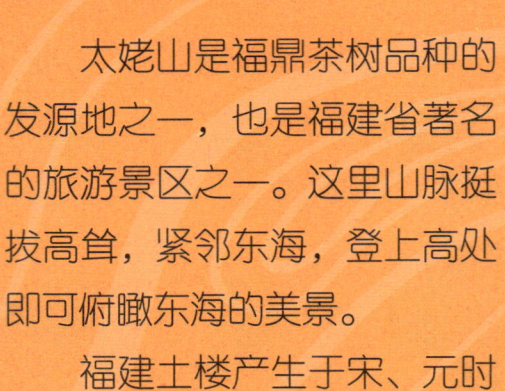

华东地区

江西省

江西省因唐朝时设江南西道得省名,又因赣江得简称"赣",省会是南昌市。

江西省是一块富有红色革命传统的土地。吉安市的井冈山是中国革命的摇篮,南昌市是中国人民解放军的诞生地,赣州市的瑞金市是中华苏维埃共和国临时中央政府成立的地方,萍乡市的安源区则是中国工人运动的策源地。

景德镇市是世界著名的"瓷都"。其青花瓷、玲珑瓷、粉彩瓷及色釉瓷合称景德镇四大传统名瓷。

位于南昌市东湖区的滕王阁,是"江南三大名楼"之一,并有"西江第一楼"之称。

华东地区

位于九江市的庐山是我国十大名山之一，以"雄、奇、险、秀"闻名于天下，享有"匡庐奇秀，甲天下山"的美誉。

位于江西省北部的鄱阳湖，是我国第一大淡水湖、第二大湖。其境内的鄱阳湖国家湿地公园是世界六大湿地之一、亚洲最大湿地。

山东省

山东省简称"鲁",别称"齐鲁",省会是济南市。素有"五岳之首"的东岳泰山就坐落于山东省中部,绵亘于泰安、济南、淄博三座城市之间。

"泉城"济南市有着"七十二名泉"之说,并有着"四面荷花三面柳,一城山色半城湖"的美誉。其中,有着"天下第一泉"之称的趵突泉,最负盛名。

华东地区

曲阜市是春秋时期著名思想家、教育家、儒家创始人孔子诞生、讲学以及去世埋葬之地。孔庙又称至圣庙，位于曲阜市中心，是我国祀孔庙堂中建造年代最早、规模最大的一座。其与北京故宫、河北承德避暑山庄合称中国三大古建筑群。

青岛市地处山东半岛南部，东濒黄海，是我国北方重要的港口城市。位于市南区的五四广场因中国近代史上伟大的"五四运动"而得名。

崂山是山东半岛的主要山脉，有着海上"第一名山"之称。

华东地区

我国是风筝的故乡，而潍坊市则是我国风筝的主要产地之一。自1984年起，潍坊市每年4月都举办潍坊国际风筝会，吸引了数以万计的国内外风筝爱好者，并成了享誉世界的"风筝之都"。

蓬莱阁位于烟台市蓬莱水城景区内的丹崖山上，始建于北宋嘉祐年间，历经多次修葺，至今仍保持北宋时的原貌。其因"八仙过海"传说和"海市蜃楼"奇观而闻名四海，并有着"人间仙境"的美誉。

台湾省

台湾省简称"台",别称宝岛,省会是台北市。台湾省与福建省之间的台湾海峡为我国南北海运的重要通道。

台湾省由我国第一大岛——台湾岛与兰屿、绿岛、钓鱼岛等附属岛屿以及澎湖列岛组成。它与庙岛群岛、舟山群岛及海南岛,构成了一条海上"长城",是我国东南沿海地区的天然屏障。

华东地区

位于台北市士林区的台北故宫博物院，又称中山博物院，与北京故宫博物院、南京博物院并称为我国三大博物馆。馆内藏有毛公鼎、散氏盘、青瓷无纹水仙盆、翠玉白菜、《快雪时晴帖》以及《早春图》等稀世珍品。

台北101大楼又称为台北101，坐落于台北市信义区金融贸易区中心，是台北市的地标性建筑。

台北101大楼不仅曾经是世界第一高楼，它的电梯也曾是世界上速度最快和行程最长的室内电梯。每逢节日，大楼会配合不同节日主体，外墙会有灯光展示和烟花表演。

华东地区

日月潭位于南投县的中部，卧伏在玉山和阿里山之间的山头上，是台湾省最大的天然淡水湖。日月潭的湖面以拉鲁岛为界，北半边湖泊的形状像一轮圆日，南半边湖泊的形状则像一弯新月，故其因此得名。

位于台湾岛东部的太鲁阁国家公园，以其雄伟壮丽的大理岩峡谷景观闻名。在其内，随处可见峭壁、断崖、峡谷、山洞隧道、大理岩层以及溪流等风光。

广东省

广东省简称"粤",省会是广州市。因位于汉代苍梧郡广信县以东,故得名"广东"。广东省是我国的南大门,处在南海航运枢纽的位置上。自1989年起,广东省成为我国第一经济大省。

广州市简称"穗",别称羊城、花城,并有"千年商都"之称。深圳市则是我国改革开放的窗口和新兴的移民城市,创造了举世瞩目的"深圳速度",被誉为"中国硅谷"。

华南地区

位于韶关市的丹霞山，又叫中国红石公园。它不仅是广东省面积最大的风景区，以丹霞地貌景观为主的风景区，还是世界"丹霞地貌"的命名地，全球首批世界地质公园之一。

粤绣又名广绣，是流传于广州、佛山及其古属地的民间刺绣工艺，至今已有1000多年的历史。2006年，粤绣经中华人民共和国国务院批准列入第一批国家级非物质文化遗产名录。

1924年6月，孙中山在中国共产党和苏联的帮助下，在广州东郊建立了一所陆军军官学校，为我国培养出了许多政治家和军事家。由于它的地址位于黄埔区的长洲岛，故又被称为黄埔军校。

华南地区

坐落在广州市番禺区的长隆野生动物世界于1997年开业，它是我国第一批开业的民营野生动物主题公园，也是目前全世界动物种群最多、最大的野生动物主题公园之一，被世界动物园组织誉为"世界一流的野生动物园"。

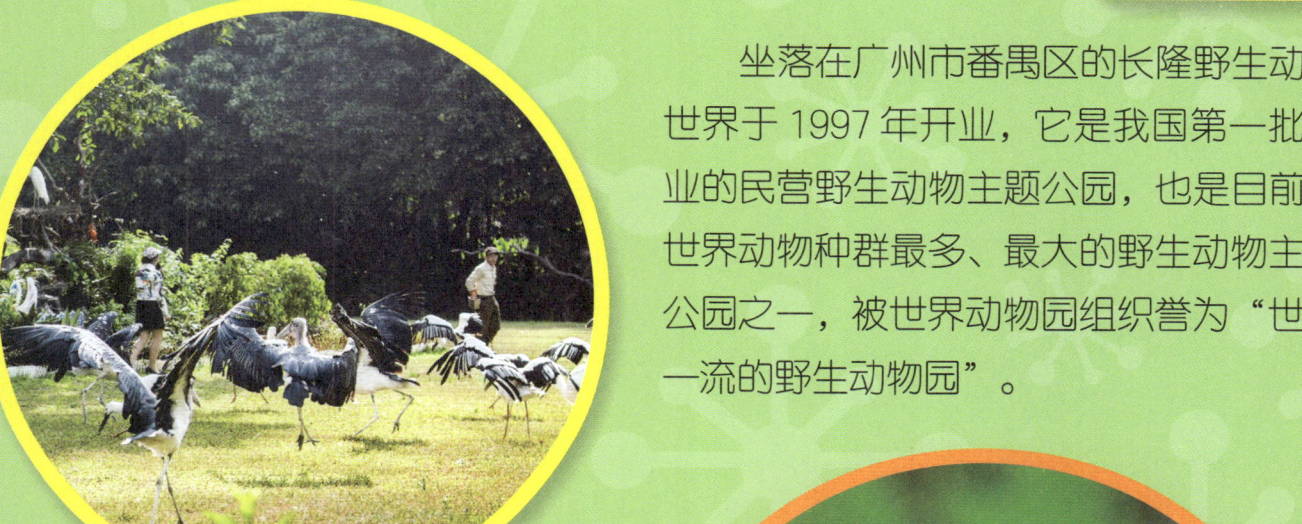

广西壮族自治区简称"桂",首府是南宁市。其地处云贵高原东南边缘,四周多被山地、高原环绕,中部和南部则多丘陵平地,呈盆地状,有"广西盆地"之称。

广西壮族自治区的有色金属矿产资源种类多、储量大,是我国重点有色金属产区之一。又因气候温暖,雨水丰沛,光照充足,故盛产火龙果、番石榴、荔枝、金橘、蜜橘、龙眼等水果,是我国知名的"水果之乡"。

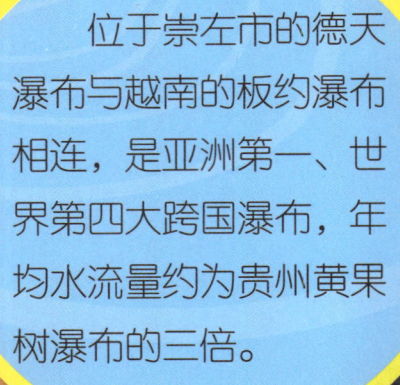

位于崇左市的德天瀑布与越南的板约瀑布相连,是亚洲第一、世界第四大跨国瀑布,年均水流量约为贵州黄果树瀑布的三倍。

广西壮族自治区

华南地区

"桂林山水甲天下",漓江则集中了桂林山水的精华。在漓江两岸,山峰挺拔,形态万千,深潭、喷泉、瀑布,构成了一幅绚丽多彩的画卷。

龙脊梯田是指在广西壮族自治区东北部的龙脊山上开发出的梯田。那里的梯田蜿蜒起伏、规模宏大,有"梯田世界之冠"的美誉。

柳州市三江侗族自治县的程阳永济桥,又叫程阳风雨桥。它集廊、亭、塔三者于一身,是侗族风雨桥的代表作,也是目前保存最好、规模最大的风雨桥之一。

海南省

　　海南省简称"琼",省会是海口市。海南省的行政区域包括海南岛、西沙群岛、中沙群岛、南沙群岛的岛礁及其海域。其中,南沙群岛中的曾母暗沙是我国最南端的领土。

　　海口市的五公祠里纪念的是唐朝名臣李德裕和宋朝名臣李纲、赵鼎、李光、胡铨。他们虽遭贬谪,但在兴修地方公益事业、传播中原文化以及培养人才方面,为海南人民做出了不少贡献。

　　天涯海角游览区位于三亚市的西南方向,因景区两块巨石分别刻有"天涯""海角"及郭沫若先生题写的"天涯海角游览区"而得名。

华南地区

在三亚市西南方的南山文化旅游区中,有一座高达108米的观音像。像体为正观音的一体化三尊造型,脚踏一百零八瓣莲花宝座,莲花座下为金刚台。而金刚台内则是一间非常宽敞的圆通宝殿。

凤凰岛是在大海礁盘之中,通过填海作业建成的一座人工岛。它位于三亚市三亚湾度假区"阳光海岸"的核心区域。右图中的这组建筑,是三亚市地标建筑之一的三亚凤凰岛度假酒店。

香港特别行政区

维多利亚港是指位于香港岛与九龙半岛之间的海港,世界三大天然良港之一。维多利亚港一直影响着香港的历史和文化,主导着香港的经济和旅游业发展,是香港成为国际化大都市的关键之一。

华南地区

香港特别行政区简称"港",全称中华人民共和国香港特别行政区,区域范围包括香港岛、九龙、新界以及周围262个岛屿,是一座高度繁荣的自由港和国际大都市,与纽约、伦敦并称为"纽伦港",是世界第三大金融中心,有"东方之珠""美食天堂""购物天堂"等美誉。

香港自古以来就是中国的领土,1842年至1997年,香港曾受英国殖民统治。1997年7月1日,中国政府对香港恢复行使主权,香港特别行政区成立。

中环是香港的政治与商业中心,是很多银行、金融机构以及外国领事馆的所在地。香港的政府总部、立法会大楼也都在此。

虽然香港是全世界经济最发达、生活水平最高的地区之一，但也是世界上人口密度最高的地区之一。香港在如此情况下仍然能保持城市交通顺畅，其公共交通一直担负着全港 80% 以上客流量，仅有大约 6% 的居民出行使用私人交通工具。

香港海洋公园是一座集海陆动物、机动游戏和大型表演于一身的世界级主题公园，也是全世界十大最受欢迎的主题公园之一。在这里，不仅可以欣赏趣味十足的海豚表演，还可以见到各种千奇百怪的海洋生物。

华南地区

位于大屿山的宝莲寺是香港最著名的佛门圣地之一。寺内的天坛大佛是全世界最大的户外青铜坐佛,大佛的面相参照洛阳龙门石窟的卢舍那佛,衣服的纹理和头饰则参照敦煌石窟的释迦牟尼佛像。

大屿山岛位于香港的西南部,是香港最大的岛屿,港湾与沙滩、高山与流水、自然景观与历史古迹交相辉映。大屿山西部的大澳是香港现存最有名的渔村。那里的水乡风情独特,有"香港威尼斯"之称。

大三巴牌坊是澳门标志性建筑物。其原本是一座教堂，后因火灾，目前仅留下一堵门壁，又因像牌坊而得名。

澳门特别行政区

澳门特别行政区简称"澳"，全称中华人民共和国澳门特别行政区，由澳门半岛和氹（dàng）仔、路环二岛以及路氹城（路氹填海区）组成，是一座国际自由港、世界旅游休闲中心，也是世界人口密度最高的地区之一。

澳门自古以来就是中国领土。1999年12月20日，中国对澳门恢复行使主权，澳门特别行政区宣告正式成立。

华南地区

澳门旅游塔是全世界十大观光塔之一。站在塔上，可俯瞰全澳景色。

妈祖阁又称为妈阁庙，是世界文化遗产——澳门历史城区的重要组成部分。

澳门的跨海大桥有澳凼（dàng）大桥、友谊大桥、西湾大桥以及港珠澳大桥。其中，港珠澳大桥是连接香港、广东珠海和澳门的桥隧工程，是世界上最长的跨海大桥。

澳门渔人码头是澳门第一个主题文化创意娱乐旅游综合体。它作为澳门的热门旅游景点之一，以其不同的建筑特色和中西文化吸引了众多游客。

重庆市

重庆市简称"渝",别称山城。它地处我国西南部,长江上游地区。虽然重庆市在1997年才成为直辖市,但它已经是长江上游地区经济、金融、科创、航运以及商贸物流中心。

长江贯穿重庆全市。乌江从贵州省流入重庆市,然后在涪陵区汇入长江;嘉陵江则自西北而来,穿过市区后汇入长江。并且,嘉陵江流经北碚区与合川区时,形成了嘉陵江小三峡。

西南地区

著名的长江三峡中,瞿塘峡和巫峡分别在重庆市的奉节县和巫山县境内。其中,瞿塘峡是长江三峡中长度最短且最为险峻的。它的入口处就是瞿塘关,又名"夔(kuí)门",唐代大诗人杜甫曾在诗中感叹道:"白帝高为三峡镇,瞿塘险过百牢关。"

巫峡处于长江三峡的中间位置,以其绮丽幽深著称于天下。

重庆市的气候非常湿润，年平均相对湿度多在 70%~80%，在春夏之交时的夜雨非常多，有"巴山夜雨"之说。并且，重庆市一年之中约有三分之一的日子是有雾的，故又有"雾重庆"之称。

长江从西南向东北横贯重庆市全境，左岸有嘉陵江、小江等，右岸有乌江、綦（qí）江等上百条河流汇入。并且，由于重庆市的主城区位于丘陵地带，故整个城市里，山丘纵横、河流密布。

西南地区

洪崖洞原名洪崖门,是古重庆城门之一,现位于重庆市渝中区,是重庆市重点景观之一。

洪崖洞的主要景点包括吊脚楼和仿古商业街。吊脚楼是洪崖洞最显著的特色之一,夜晚时分,在江边熠熠生辉。仿古商业街则是一片古朴的街区,充满了巴渝文化的氛围。

重庆是国内著名的美食"天堂",尤其是天下闻名的重庆火锅,更是川渝地区传统美食之一。

四川省

四川省简称"川"或"蜀",省会是成都市。其位于中国西南地区内陆,地处长江上游,不仅素有"天府之国"的美誉,还是中国道教发源地、古蜀文明发祥地、世界最早纸币——"交子"的出现地。

雅安市的宝兴县是世界上第一只大熊猫的发现地,那里的蜂桶寨自然保护区与卧龙自然保护区等7处自然保护区组成了四川大熊猫栖息地。

西南地区

成都市西北方的都江堰，是全世界迄今为止年代最久、唯一留存的，仍一直使用的，且以无坝引水为特征的水利工程。它始建于战国时期，是当时的蜀郡太守李冰父子在前人开凿的基础上组织修建的。

三星堆遗址被称为20世纪人类最伟大的考古发现之一。其昭示了长江流域与黄河流域一样，同属于中华文明的母体，被誉为"长江文明之源"。

位于四川省西北部岷山山脉南段的九寨沟,因为有九个寨子的藏民世代居住于此,故而得名。九寨沟以高山湖泊群、瀑布、彩林、雪峰、蓝冰及藏族风情并称"九寨沟六绝",被誉为"童话世界"。

峨眉山耸立在四川盆地的西南边缘,是中国佛教圣地之一,被誉为"佛国天堂",是普贤菩萨的道场。峨眉山风景名胜区以自然景观和佛教文化,1996年被联合国教科文组织列入《世界遗产名录》。

西南地区

乐山大佛又称凌云大佛,位于乐山市南面的岷江东岸凌云寺西侧,大渡河、青衣江以及岷江三江汇流处。乐山大佛是一尊坐像,通高71米,是中国最大的一尊摩崖石刻造像。

蜀绣又称川绣,其与苏绣、湘绣、粤绣并称为"中国四大名绣",是中国刺绣传承时间最长的绣种之一。

川菜又称四川菜,是中国传统的八大菜系之一。川菜取材广泛,菜式多样,并以善用麻辣调味而著称,有着"善用三椒""一菜一格,百菜百味"的特点。其代表菜品有鱼香肉丝、宫保鸡丁、水煮肉片、夫妻肺片、麻婆豆腐、回锅肉等。

坐落于贵州省东部武陵山区的镇远古镇，分为北岸的旧府城和南岸的旧卫城，形成了"九山抱一水，一水分两城"的独特古城风貌，被中外游客誉为"东方威尼斯"。

黄果树瀑布位于安顺市的白水河上游，属喀斯特地貌中的侵蚀裂点型瀑布，形成如今的规模历经5万多年，是世界著名瀑布之一。

贵州省

贵州省简称"黔"或"贵"，省会是贵阳市。由于贵州省境内多高原山地，素有"八山一水一分田"之说。

中国共产党曾在1935年1月15日在遵义市召开了著名的"遵义会议"，成为中国共产党的一个生死攸关转折点。

西南地区

位于铜仁市的武陵山脉主峰——梵净山，不仅是一座具有2000多年历史的文化名山，还是中国南方最早从海洋抬升为陆地的地方之一，贵州省第一个原始森林生态系统保护区，以及黔金丝猴唯一的栖息地。

马岭河峡谷位于黔西南布依族苗族自治州境内，那里的地缝峡谷、瀑布群以及岩壁集中展示了云贵高原岩溶地貌的典型特征，是喀斯特多层次地貌景观的集中表现。

云南省简称"云"或"滇",省会是昆明市。云南省西与缅甸接壤,南与老挝、越南毗邻,是我国边境线最长的省份之一。

云南省境内多为山地高原地形,有色金属和磷矿等矿产资源极为丰富,故被誉为"有色金属王国"。此外,云南省的动植物种类数为全国之冠,故又有"动植物王国"之称。

云南石林在2004年被联合国教科文组织地学部评为"世界地质公园",那里的石林堪称大自然的奇迹。

云南省

西南地区

　　茶马古道是自唐朝开始，在我国西南和西北地区，以茶叶和马匹为主要交易内容，并以马帮为主要运输工具的商品贸易通道。其中的滇藏道起自云南省西部洱海一带的产茶区。

　　坐落在丽江市古城区的丽江古城，又名大研镇，是中国四大古城之一。从城市总体布局到工程、建筑，这里融汇了汉、彝、藏等多个民族的文化特色。

位于丽江古城城北象山脚下，有一处晶莹清澈的泉潭，即为黑龙潭。其四周山清水秀，并有造型优美的古建筑点缀其间，常引得游客们驻足观赏。

距离丽江古城不远处，有个雪山群，即玉龙雪山。那里银装素裹，十三座雪峰连绵不绝，宛若一条"巨龙"腾跃飞舞，故得名"玉龙"。又因其山体主要由石灰岩与玄武岩构成，黑白分明，故又被人们称为"黑白雪山"。

西南地区

　　大理古城位于云南省西部,又名叶榆城。其历史可追溯至唐朝天宝年间,南诏王阁逻凤筑的都城——羊苴咩城,此城在唐朝和宋朝500多年的时间里,是盘踞在云南省及周边地区的南诏国和大理国的政治、经济、文化的中心。

　　大理古城内的众多名胜古迹中,"崇圣寺三塔"无疑是最为出名的,三塔由一大二小组成,大塔又叫千寻塔。三塔鼎足而立,即大塔居中,二小塔南北拱卫。

西藏自治区

　　西藏自治区简称"藏",是中国五个少数民族自治区之一,首府是拉萨市。其所在的青藏高原,是世界上面积最大、海拔最高的高原,有"世界屋脊"之称。

　　西藏自治区四周多高山,主要有喜马拉雅山脉、昆仑山脉等。西藏自治区还是我国境内河流数量最多的省份之一,雅鲁藏布江是世界上海拔最高的大河之一,雅鲁藏布江大峡谷则是世界上最深、最长的大峡谷。

　　雍布拉康位于山南市的扎西次日山上,是西藏历史上第一座宫殿,也是西藏最早的建筑之一。雍布拉康是在吐蕃部落第一代首领聂赤赞普时期建造的。

西南地区

布达拉宫位于拉萨市西北的玛布日山上，是集城堡、寺院及宫殿于一体，世界上海拔最高的宫堡式建筑群。

大昭寺是西藏最早的土木结构建筑之一，已有1300多年的历史，在藏传佛教中有着非常重要的地位。

陕西省

陕西省简称"陕"或"秦",是中华民族与华夏文明的重要发祥地之一,其代表文化为"三秦文化"。历史上,有西周、秦、汉、隋、唐等14个王朝在陕西省建都。其中,有13个王朝在省会西安市(古称长安、镐京)建都。

秦始皇陵不仅是中国历史上第一位皇帝的陵寝,还是世界上规模最大的帝王陵墓之一。在秦始皇陵四周分布着大量的陪葬坑和墓葬,其中就包括我国第一批世界文化遗产之一的兵马俑坑。

西北地区

位于华阴市的华山古称"西岳",为我国著名的五岳之一,且为五岳中最险峻的一座,自古以来就有"奇险天下第一山"的说法。

华清池是唐华清宫的别名,是唐朝皇帝游幸的别宫。其最初名为汤泉宫,后改名为温泉宫。在唐玄宗时期,最终改名为华清宫。

窑洞是在我国西北部黄土高原上的一种独特且古老的民居建筑。其具有简单易修、省材省料、坚固耐用、冬暖夏凉以及不占用耕地等特点。

甘肃省

  甘肃省简称"甘"或"陇",省会是兰州市。其地处黄土高原、青藏高原以及内蒙古高原三大高原的交汇地带,地形复杂,有荒芜的戈壁、沙漠,千沟万壑的黄土高原,也有广袤的草原和洁白的雪山。

  位于甘肃省西北部的酒泉市,古称肃州,那里有创建于1958年10月20日,我国最早、规模最大的综合型导弹、卫星发射中心——酒泉卫星发射中心。

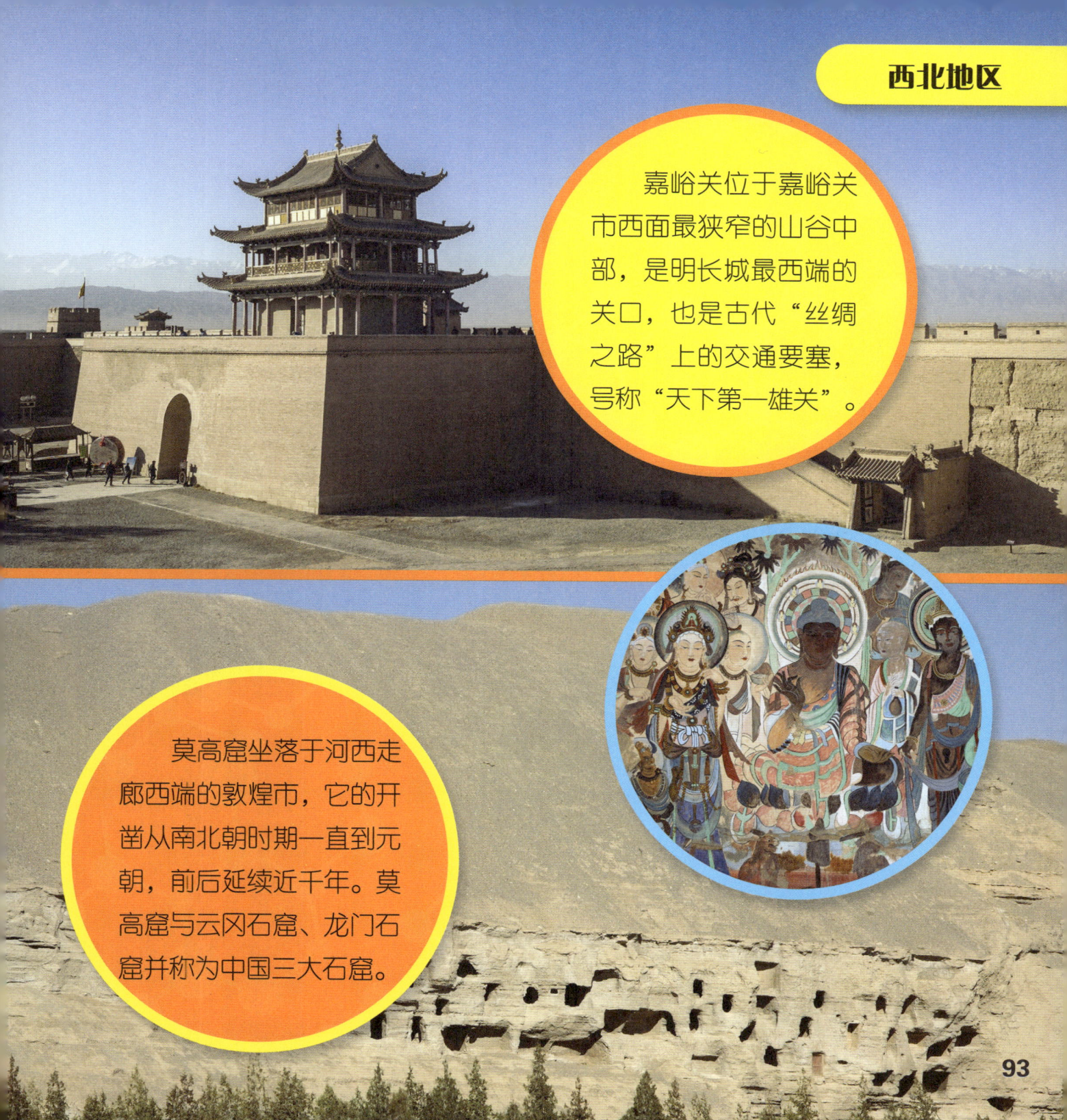

西北地区

嘉峪关位于嘉峪关市西面最狭窄的山谷中部,是明长城最西端的关口,也是古代"丝绸之路"上的交通要塞,号称"天下第一雄关"。

莫高窟坐落于河西走廊西端的敦煌市,它的开凿从南北朝时期一直到元朝,前后延续近千年。莫高窟与云冈石窟、龙门石窟并称为中国三大石窟。

青海省

青海省简称"青",省会是西宁市。它位于"世界屋脊"青藏高原的东北部,因省内有我国最大的内陆咸水湖——青海湖而得名。又由于长江、黄河、澜沧江的发源地都在青海省境内,故其被称为"江河源头",又称"三江源",素有"中华水塔"之美誉。

位于西宁市的塔尔寺,创建于明朝洪武年间,是我国西北地区藏传佛教的活动中心。酥油花、壁画与堆绣被誉为"塔尔寺艺术三绝"。

引领优质阅读
创造美好生活

 010-88379003、16601389360

获取更多图书内容
请扫该二维码 乐阅书单

家庭教育

5步儿童时间管理法
让孩子彻底告别磨蹭拖拉

5个步骤+11种超实用时间管理工具,解决孩子8大时间管理问题,让孩子做自己时间的主人。

好妈妈不吼不叫辅导孩子写作业

让孩子主动写作业、成绩倍增的100+小方法。内附音频课程,做有方法、不焦虑的父母!

30天高分学习法
轻松提升成绩的秘籍

幽默有趣的故事情节,简单有效的学习方法,让孩子30天实现学习逆袭,成绩倍增。

这样说,孩子学习更高效

资深实战派教育专家李波老师,分享老师不说、家长不懂的亲子沟通方法,让孩子爱上学习就要这样说。

不分心不拖延:
高效能孩子的八项思维技能
(实践版)

八大"执行技能",提升孩子解决问题的底层能力。25个实践练习,帮孩子彻底告别分心拖延。附赠实践手册。

家庭教育指导手册

北京史家教育集团组编,上百位一线教师总结的教育智慧和技巧,解决家长的痛点问题!

家庭教育

给孩子的8堂思维导图课

全网畅销20万册,思维导图创始人东尼·博赞推荐的行业领袖,王芳、庄海燕鼎力推荐的思维导图教练,帮助孩子快速提升学习力。

思维导图高效学习地图

3大模块+5个学习环节+10种学科学习技巧+246幅思维导图,帮助中小学生轻松掌握好工具、好习惯、好方法,真正会画、会学、会用。

守护式养育法
43个秘诀培养会自学的孩子

43个养育秘诀帮助孩子顺应自己的天性,建立自我坐标轴;帮助家长按照孩子本来的样子培养其自学能力,缓解养育焦虑。

童年最重要的事
建立安全依恋

- 依恋塑造了生命最初的模板,是成长的地基。
- 心理学专家教你在孩子6岁前建立影响其一生的安全感。

激活孩子的内驱力

让孩子从"被动"到"主动"的家庭教育指南。掌握3个方法6个步骤,不催不吼让你的孩子想学习、爱学习!

亲子日课

6大成长维度,365个亲子陪伴工具,每天10分钟亲子时光,营造每日一次的"家庭仪式感"。

和孩子约法三章
支给零花钱的规则

小小零花钱,藏着孩子未来的大财富。

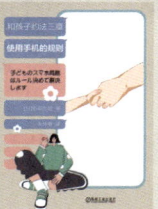

和孩子约法三章
使用手机的规则

手机是亲子沟通的桥,不是冲突的导火索。

解谜益智

恐龙岛：基因契约

包含恐龙科普主题的益智解谜游戏书，在家能玩的密室逃脱。

镜之书：天启谜图

故宫主题的解谜游戏书，可以去故宫实地探访解谜。

仙镜传奇

《镜之书》解谜游戏书的前传故事。

古蜀之谜纹蜀碑

三星堆考古主题，包含大型木质机关的解谜游戏书，在家能玩的密室逃脱游戏。

古蜀之珑岭无字碑

古蜀解谜游戏书系列第二部，延续三星堆考古主题，创新木质机关玩法。

逃脱游戏1

逃脱游戏2

逃脱游戏3

引进自法国的著名桌面密室逃脱游戏，演绎精彩的冒险故事，带领读者走进奇幻的探险旅程。

生活方式

小生活轻松过

漫画断舍离——画风温暖，治愈人心。
我的小生活，先从一天扔一件东西开始。

一个人的四季餐桌

既有硬核烹饪技巧，又有态度和温度，国内首部本土化的"一人食"料理书：伴你尝尽四季时令之食，手把手陪你制作96道精致一人食料理。

咖啡入门
冠军咖啡师的咖啡课

世界冠军咖啡师的趣味解说，
轻松入门的咖啡课。

我的咖啡生活

独属女性的咖啡"享受方法"，器皿+道具+咖啡豆+享受咖啡的时间和空间，带给你不一样的生活态度。

量化健身：原理解析　**量化健身**：动作精讲

从解剖学、生理学、营养学角度量化解析增肌减脂的动作、计划、训练、饮食。训练内容配备极其详细的动作技巧讲解、易错点分析和纠正，助你充分理解动作，提高健身效率。

变形金刚
决战塞伯坦三部曲创作集

网飞动画首次推出创作设定集，
全面揭幕"塞伯坦三部曲"。

家庭教育

亲子正念瑜伽
超过100项有趣的亲子瑜伽正念游戏

助力孩子成长、建立身心认知,使亲子共处变得更有趣、有意义。

动起来!
专业教练给孩子的体能课

全面的儿童体适能训练方案,详细讲解了提升体能素质的58个黄金动作。

转变教育主题
HTH 20年创新性学习项目精选集

2023年中国创新教育年会年度十大推荐好书。介绍创新教育的标杆学校 High Tech High 的项目式创新学习案例集,让我们看到教育更多的可能性。

立足未来
今天的孩子如何应对明天的世界

2023年中国创新教育年会年度十大推荐好书。帮助孩子们准备好应对快速变化且充满挑战的未来世界的必读书,提供了青少年立足未来的成长路线图。

有人听到你

超级育儿师兰海凝练的实用家庭教育指南!为家长和孩子各自配备专属读本,围绕15个经典问题,帮助中小学生家庭解决实际问题,改善亲子沟通。

拥抱抑郁小孩
15个练习带青少年走出抑郁

15个亲子互动工具组成的一套抑郁应对方案,帮助孩子一步一步调整情绪、转变想法、改变行为。

有人听到你
中小学生父母必备
教育工具书

有人听到你
6~18岁人士
专属答案书

"答案之信"

**兰海给孩子们的
心理成长课**

家庭教育

户外探索教育系列工具卡
《森林实践活动指南》
《儿童户外探索活动指南》
《体验式教育经典游戏》

状元学习法

汇集一线创新教育机构精选的172项户外探索教育活动项目，国内首套能拉近孩子与自然关系的便携实用工具卡。

全书汇集十余位清华北大的状元在学习习惯、学习方法、目标管理等方面的优秀经验做法，包含4本书和30节视频课。

儿童情绪自控力工具箱

超会学习的大脑
中学生备考学习法
（学习套盒）

美国"妈妈选择奖"获奖图书，引导孩子通过101个易用、有趣的小工具和小方法科学地调节情绪。

英国教育学家×香港中文大学心理学博士联袂打造，一套游戏化、可互动的学习大脑升级方案，帮你快速成为学习高手。

套盒

打开孩子世界的100个问题

- 德国儿童与青少年心理学家写给父母和孩子的亲子沟通游戏书。
- 100个脑洞大开的问题，开启一场亲子真心话大冒险。

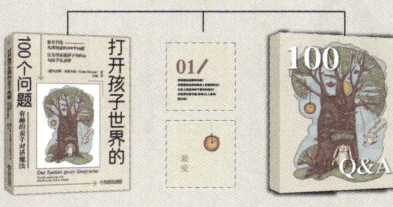

图书　　互动卡片　　成长记录本

成功/励志

像高手一样发言

公式+图解,解决公务员(体制内员工)当众讲话的七类难题。

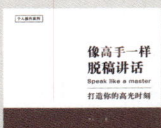

像高手一样脱稿讲话

模拟场景+鲜活案例+口诀公式,系统、全面、专业的方法,助你轻松脱稿讲话。

非凡心力
5大维度重塑自己

心力是一个人最底层的素质技能,是决定成功和幸福的最关键能力。

富足人生
智慧进阶的十二堂课

富足是一种持续追寻的状态;富足的状态是有迹可循的。12个工具,助你找到富足状态。

朋友
理解友谊的力量

"150定律"提出者罗宾·邓巴关于友谊的最新研究成果;友谊的质量不仅影响我们的生活质量,更会影响我们的生命长度。

卓越关系
5步提升人际连接力

所有烦恼都是关系的烦恼。一切"为"你而来,而非"冲"你而来。变束缚为资源,化消耗为滋养,构建和谐关系,绽放完美自己。

理科思维读书法

文科生不知道的高效读书法;像理科生做实验一样读书,让读书效率最大化。

向前
新女性的IP打造

打造出自己的个人品牌,成为新时代的独立女性,活出专属于自己的独特精彩人生。

成功/励志

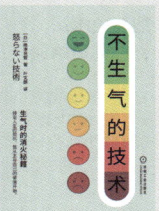 

爱拼敢赢
希望你也喜欢努力的自己

近距离了解一名闽南青年的成长之路,身临其境地感受一位普通的闽南创业者的蜕变。三十几岁的人,或许没有谁是特别轻松的。我们虽懂很多道理,但还有很多困惑和迷茫。

不生气的技术   **不生气的技术II**

生气时的消火秘籍+不生气的底层逻辑。系列狂销100万册,转变人生的契机,就从主导自己的情绪开始!

快速跨专业学习

4种知识迁移能力+5种解构知识方法+5种学习思维,助你快速成为具备跨专业学习能力的博学之人。

快速通过考试

本书分为考试前中后三大部分,涵盖学习方法、考试策略、考试技巧等,助你快速通过考试。

快速学习专业知识

本书从学习状态、收集和吸收信息、科学记忆法等六方面展开,告知读者如何快速学习专业知识并成为一个领域的专家。

快速阅读

7种预读方式+5种速读方法+5种记忆技巧,助你提升注意力,养成快速阅读的习惯。

快速掌握新技能

能让你更快速、深入和有效学习的各种工具和技术,八大板块打造学习闭环。

快速掌握学习技巧

4种课堂学习法+6种精通学习方式+7种时间管理法+8种记忆方法+5种应对考试策略,助你从容学习。

少儿成长

学汉字有方法

3000个常用汉字,15个识字主题,全拼音标注,趣味翻翻卡,通过童谣、成语、字谜、识字小游戏,帮助孩子轻松跨过识字关,早一步开启独立阅读!

瑞莉兔魔法有声英语单词

日常情境翻翻游戏,100面语音卡,智能双语插卡机,乖宝宝英语学习的好帮手。

瑞莉兔双语情境翻翻书(全四册)

42个主题场景,800个中英文词语,乖宝宝英语启蒙好朋友。

好玩的成语解字胶片书(全四册)

这既是一套从语文课本里精选出来的成语书,也是一套通过成语学习汉字的趣味胶片游戏书!

瑞莉兔奇妙发声书(全四册)

柔和美妙又有趣的声音,带给小宝宝们新奇的"视+听"阅读体验。

童眼识天下金装典藏版超级武器

纵观全新兵器科技,带孩子领略现代武器风范。

童眼识天下金装典藏版节日节气

学习传统24节气,了解国内外节日,带孩子们认识世界。

童眼识天下金装典藏版认识标志

认识186个国标标志,了解它们的用途,带领孩子们认识身边的世界。

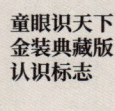

少儿成长

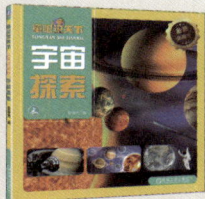

**童眼识天下
金装典藏版
宇宙探索**

从地球到太阳系,再到遥远星系,带领孩子们认识宇宙。

**童眼识天下
金装典藏版
恐龙世纪**

回到远古,学恐龙知识,带领孩子认识史前地球生命。

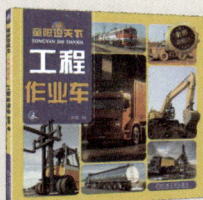

**童眼识天下
金装典藏版
工程作业车**

认识工程车、施工车、市政车等50多种作业车,工程作业车一本通。

**童眼识天下
金装典藏版
国旗国徽**

介绍了世界上197个国家的国旗和基本资料,还展示了8个国际组织的旗帜,并且,详细介绍了56个主要国家的国旗、国徽及简史。带领孩子们认识世界。

**瑞莉兔
专心静静贴
(全四册)**

一套宝宝可以一个人玩的静静贴。

**小手玩大车
(全两册)**

以酷车、工程车为主题,内含翻翻、抽拉、大立体等工艺,锻炼孩子的精细动作,提升手眼脑协调能力。

瑞莉兔有声场景挂图

哪里不会按哪里。操作简单,测试练习,早教学习小帮手。

军事天地 经典童谣　　交通工具 三字经　　建筑工地 英文儿歌　　海洋馆 唐诗　　动物园 认识数字

成功/励志

 冲突沟通力

破解冲突的4个步骤+不同场景的17个沟通技巧+生动鲜活的家庭故事，助你轻松掌握化解冲突的能力！

 转化羞愧，绽放关系

全方位探索羞愧、愤怒、内疚等不良情绪，提供了大量转化不良情绪的方法和练习。

 366天平和生活冥想手册

荣获著名的富兰克林奖！每天10分钟冥想，浸润非暴力沟通智慧，引导你走向平和生活，远离混乱和冲突！

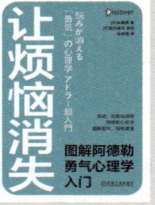 让烦恼消失：图解阿德勒勇气心理学入门

系统、完整地诠释阿德勒心理学，图解呈现，简单易懂！

 反驳的37个技巧

令人尴尬的话题如何反驳？本书为你提供了37个反驳技巧，既让对方能接受，又让自己心里畅快。

 他人心理学

破解行为密码，解读他人心理，从小动作瞬间了解他人心理，成为社交达人。

西北地区

　　茶卡盐湖位于青海省海西蒙古族藏族自治州，因出产大青盐而驰名全国。茶卡盐湖的四周被雪山环绕，而湖面则像镜子一样，反射着天空的湛蓝色，被誉为"中国的天空之镜"。

　　青海湖不仅是我国面积最大的高原内陆咸水湖，还是世界上海拔最高的湖泊之一。其湖水的颜色会随天气和光线变化，有时一天内会出现多种色彩，非常神奇。

宁夏回族自治区

　　宁夏回族自治区简称"宁",首府是银川市。宁夏平原又称银川平原,位于宁夏回族自治区中部的黄河两岸,那里湖泊众多,湿地连片,风景优美,有着"塞上江南"的美誉。

　　此外,历史上各个朝代修筑的长城遗址,在宁夏回族自治区境内都能找到。位于银川市西面贺兰山东麓中段的西夏陵,不仅是西夏历代帝王陵园,还是我国现存规模最大、保存最完整的西夏历史遗存。

西北地区

贺兰山脉为昆仑山脉余脉，位于宁夏回族自治区与内蒙古自治区交界处，半干旱区向干旱区的过渡地带，阻止了西北沙漠对土地的侵蚀，也削弱了南下的西伯利亚冷气流，让宁夏有了物产丰富的宁夏平原。

位于贺兰山脉东麓的贺兰山岩画记录了远古先民放牧、狩猎、祭祀、征战等生产生活场景，被誉为"史前人类的艺术长廊"。

新疆维吾尔自治区

新疆维吾尔自治区简称"新",首府是乌鲁木齐市,全自治区面积约占全国陆地总面积的六分之一,是我国陆地面积最大、交界邻国最多、陆地边界线最长的省级行政区。

新疆维吾尔自治区古称"西域",意为中国的西部疆域,自古以来就是祖国不可分割的一部分。此外,其历史文化底蕴深厚,在5000多千米古"丝绸之路"的南、北、中三条干线上,有很多古城遗址,如楼兰故城遗址、高昌故城以及龟(qiū)兹故城等。

著名的火焰山位于吐鲁番盆地的北部。塔克拉玛干沙漠是中国最大、世界第二大流动沙漠。

西北地区

在我国所出产众多玉石之中,以产自新疆维吾尔自治区的和田玉为其中的佼佼者。而在和田玉中,又以温润滋泽、纯洁细腻、犹如羊脂的白玉质地为最佳。

天山山脉的山地草原垂直分布范围大,牧草优良,是天然的牧场。天池湖水清澈如玉,有"天山明珠"的盛誉。

图书在版编目（CIP）数据

童眼识天下：金装典藏版. 我的祖国 / 韩雪编. 一北京：机械工业出版社，2024.6
ISBN 978-7-111-74990-5

I. ①童… II. ①韩… III. ①科学知识—儿童读物②爱国主义教育—中国—儿童读物 IV. ① Z228.1
② D647-49

中国国家版本馆 CIP 数据核字（2024）第 086187 号

机械工业出版社（北京市百万庄大街 22 号　邮政编码：100037）
策划编辑：王雷鸣　　　　　　　　　责任编辑：王雷鸣
责任校对：王　延　李　杉　　　　　责任印制：张　博
北京华联印刷有限公司印刷

2024 年 6 月第 1 版第 1 次印刷　　　215mm×225mm·5 印张·81 千字
标准书号：ISBN 978-7-111-74990-5　　定价：35.00 元

电话服务　　　　　　　　　　　　网络服务
客服电话：010-88361066　　　　　机 工 官 网：www.cmpbook.com
　　　　　010-88379833　　　　　机 工 官 博：weibo.com/cmp1952
　　　　　010-68326294　　　　　金 书 网：www.golden-book.com
封底无防伪标均为盗版　　　　　机工教育服务网：www.cmpedu.com